013 빛

박솔 장진 윤보성 태오 최시원 권등대
가온 화원 앤돌핀 김민영 김성완
이희성 느루 밤슬 령 724 김모은
이븐 해사 최지현 임서윤 이상호 한수연
유술 이실비 예지 Recent 김희승 하연서
생강 소운 여울 추단비 김새운 이현정
찬연한 윤보휘 오은총 전주현 두하나
김여원 모영 권나영 수 연서 여름
강재희 문서연 오진서 유경지 김오제 민려원
혜 지수 홍정아 이여경 찬란 강랑 재인

나의 사명은 만물을 비추는 일
당신에게 세상을 전하는 일

2023년 9월

I

火花 박솔 13

알 장진 14

왜가리 윤보성 16

어느 은둔형 외톨이의 고백 태오 18

아브락사스 최시원 20

살아 있는 불빛들의 밤 권등대 22

색깔의 반대말 가온 24

태양의 왈츠 화원 25

빛나는 앤돌핀 26

밤바다 김민영 28

광인들의 르네상스 김성완 30

거울 이희성 31

우리에게 저 빛이 보여 느루 32

멍의 단계 밤슬 34

은연 중에 령 35

Lucifer 724 36

코모레비 김모은 38

우리 생 이븐 40

지구는 침몰 중이야 해사   41

운명의 공동체 최지현   42

필살★빛의 펀치! 임서윤   44

8시 40분 이상호   46

짝사랑 유효기간 한수연   48

II

낱말의 늪, 샐녘의 꽃 유술   53

사랑하는 펭귄 이실비   54

Dear my adorable 예지   56

빛바랜 셔터 Recent   57

바다 접기 김희승   58

새까만 색 하연서   60

로맨틱 펌킨 생강   62

노을 소운   65

창백한 푸른 빛 여울   66

제법 낭만을 사랑해서 추단비   68

스테인드글라스 김새운	70
빛과 토르소 이현정	72
찬연하진 않지만 찬연한	74
비추어진 독백 윤보휘	76
눈부시지 않은 빛 오은총	78
답장 전주현	80
다큐멘터리 두하나	82
하이라이트 김여원	84
찬란 모영	86
짙은 사랑을 숭배하며 권나영	88
우리는 키스하기 바빴지 수	90
여름, 구원과 재앙의 빛 연서	92
겨울 여름	94
기억 강재희	95
빛의 미음으로 우리를 문서연	96
우리가 상대 속도로 지날 때 오진서	98
비워둔 마음 유경지	100
넥스트 투 더 썬 김오제	102

바다는 빛이 싫다고 했다 민려원	104
영원히 깨워줘 혜	106
순간의 결말 지수	108
찬란, 하지 홍정아	110
달과 까마귀 이여경	112
Deep breath, Open your eyes 찬란	114
그림자 화상 강랑	116
빛처럼 재인	118
	119

○ 작가명은 작품 첫 장의 쪽 번호 옆에 표기하였습니다.

I

火花

끊임없이 파도치는 해원을 향한 찬사를 보낸다
불붙은 폭죽은 귓가를 찔러대며 바다를 향해 날아간다
마치 팡파르가 울려대는 것처럼
밤이 오면 시작되는, 파랑에게 보내는 작고 화려한 송사

알

팽창하는 동그랗고 시커먼 알

우리는 꽤나 오래 진동한다

당돌한 어둠은
우리에게 죽음을 묻고,

식어버린 태양은
그늘 무덤을 만들어

하지만

살아간다
사랑도 없고
사고事故도 없고
숨도 없고
삶도 없는

오로지 빛만 있는
그곳에서

무수히 떨어지는 항성들과
함께 부서지고 진동하며

빛마저 잃어버릴까
그늘 만들며

빛보다 느리게

또
빠르게

또
또
자꾸만
살아간다

왜가리

번쩍 휘어진 지평선과 마주친 날 나는 잡생각에서 벗어나 명징해졌다 물거품에 투영된 상징과 은유는 석양과 함께 표백됐다 강과 바다가 만나는 곳을 산책하던 내게 허공은 한없이 무생물에 가까운 생물처럼 여겨졌다 그러나 바다와 땅의 경계선은 학습된 가치관이었으므로 회색지대는 나의 헛된 입장이었으므로 나는 찰박거리는 침묵을 선택할 수밖에 없었다 왜가리는 내가 외면했다면 부재했을 무지개를 물고 날아가 버렸다 밀린 소나기가 내리는 동안 빛 알레르기에 반응하는 깃털들은 시시각각 투명해졌다

암전 일상 속에서 내가 타인으로부터 날아오르려는 건 본능에 대한 무심함 먹이에 대한 무구함 그리고 내일 없음을 구태여 기약하는 것 어디에서 무얼 하고 있든 나를 따라와 끝내 내가 되어가는 빛무리 길은 어제와 이어져 있지 않았는데 어제는 어디에도 이어져 있지 않았기에 나는 움직이는 나와 제자리를 맴도는 나로 나뉘어버렸다 빛바랜 바다와 마주하는 한 갈림길은 속된 환상일 것이다 하물며 나는 악에 받친 채 어둠을 쏘다녔고 왜가리는 파문의 중심을 주시하다 헤엄치던 그림자를 울컥 삼켜버렸다

방전 망상 속에서 타인이 나에게로 추락하려는 건 현실감을 부정하는 금기 감상적인 표현 금지 그리고 관계에 제멋대로 최선을 다하는 것 천변의 가로등이 전부 꺼지자 밤바다는 암실로 변했다 나 역시 깊디깊은 현상액 속으로 가라앉는다면 분명 옆구리에서 잿빛 날개가 돋아날 것이다 무한한 보름달은 왜가리를 비췄고 무심한 왜가리는 나를 되비췄을 뿐 빛의 상호작용에 의미가 깃들기까지 내게 주어진 시간은 불충분했다 왜가리는 꽁지머리를 흩날리며 빛의 안쪽에 서 있었다

아무도 울지 않았다

어느 은둔형 외톨이의 고백

나도 이제 좀 밝아져 볼까.
어둠을 걷고 빛을 받아들여 볼까.
너무 밝은 빛은 좀 그래.
어설프게 닫힌 암막 커튼 사이로 새어 들어오는 정도의
가는 빛만.

그래. 그 정도가 좋겠다.
너무 밝은 빛은 싫으니까.
준비되지 않은 채 갑자기 입사되는 밝은 빛은
눈을 멀게 하고 한 치 앞도 볼 수 없게 만드니까.
내게 다가오는 행복조차 알아볼 수 없게 하니까.

그래. 창문을 조금만 열자.
짙은 어둠 속에서 숨죽이던 내게
찬란한 아침 햇살은 너무 눈 부시니까,
살짝 열린 창문 사이로 들어오는 바람에 의해
흔들리는 커튼 사이로 살짝씩만 빛이 새어 들어오도록.

그래. 그렇게 조금씩 빛을 받아들이자.
그러다 보면 언젠가 나도
이 어둠을 걷어낼 수 있지 않을까.
그러면 언젠가 나도 커튼을 활짝 열고
저 바다에 반짝이는 윤슬을 맞이할 수 있지 않을까.

아브락사스

빛이라 적기 전에
어둠을 펼쳐야 한다
알아볼 수 없게 뒤덮어버리는 것이
다시 어둠이라 할지라도

빛이라 새기기 전에
어둠을 다듬어야 한다
음각을 채우고 양각을 깎아내리는 것이
다시 어둠이라 할지라도

밤이 되어야
아르테미스의 화살촉이 빛난다
그녀를 따르는 짐승들의 눈동자가
야음 속에서 형형해지듯이

빛을 품지 못했다 하여 절망할 이유가 없는 것은
그것이 참담한 암흑천지에서야 잉태되므로
어둠이 산란한 알 속에 세계는 존재하는가
그러나 알을 깨뜨리는 자만이 태어날 수 있다*
말하는 것은

껍질 뒷면에 신이 존재한다고 믿을 것인가
새로서의 투쟁을 신앙하는가
어둠이 산란한 알의 밖에서,
사랑에 부딪혀 산란하는 빛
반 짝 반 짝
한 겹의 눈꺼풀만으로 빛과 어둠을 가르며
깜 빡 깜 빡

신의 이름을 몰랐던 시절
그는 마치 의태어처럼 존재했다

* 헤르만 헤세(Hermann Hesse) 《데미안(Demian)》(1919)

살아 있는 불빛들의 밤*

햇빛은 뚜렷해
그 뿌리가 해에 있다는 걸 아니까
그러나 불빛들은
멀리서부터
여기 언덕배기 나에게까지 빛나는 불빛들은
누군가의 빼곡한 풍경이 되고 있는 줄도 모르는 불빛들은
그 뿌리를 알 수 없어 아득하고

여상한 불빛들에도 내가 여상하지 못한 것은
불빛 마다마다가 생의 증명이라서
가로등 아래 고양이가 떨 것이고
후미등 너머 충혈된 눈이 있을 것이라서

불빛이
나는 여기 살아 있다고 소리 지르는 것 같아서

홀로 산속 깊이 조난당한 지 오래인 어느 밤
머나먼 어딘가에서

몽몽히
누구 없냐고 살려 달라고
외치는 소리 듣는 일과 같아서

아득한 친밀감이 내 몸을 덥히고
나는 비로소 어깨에 두른 담요를 벗을 수 있다

* 조지 로메로, 《살아 있는 시체들의 밤(1968)》

색깔의 반대말

있지, 색깔은 빛이래

사과는 빨간빛을 튕겨내서 우리 눈에 박아대는데
언젠가 사과가 파란빛이 싫다 하면 우린 거대한 블루베리를 먹게 되는 걸까
그건 모를 일이지

그럼 화가는 빛을 찍어 바르는 걸까
모네는 그 사실을 알고 그림을 그렸을까
그건 모를 일이야

혹은 우리가 변한다면
가시광선이 그저 광선이 되어버리면
물감 공장의 노동자들은 허무함을 느끼게 될까

그들은 알게 될지도 몰라
노랑 물감엔 노란빛만 없다는 걸 말이야
…

태양의 왈츠

우리 함께 춤을 출까?
우리는 서로 묻지 않고

너는 기다렸다는 듯이
나와 함께
춤을 춘다, 춤을, 춤

이 시간은 온전히 너와 나,
왈츠의 시간

이 시간이 지나도 네게 사랑한다 말할래
너는 어디서든 나에게 닿고 있을 테니까

그럼 너는
아주 따뜻하게도, 뜨겁게도
나를 품 안 가득 안아주고

나는 그런 너를 맞이해 눈웃음 지어주지

빛나는

출근길
빛나는 은빛 바다

퇴근길
찬란한 금빛 바다

순간순간
내게 밀려오는 물결들

윤슬 사이사이
내게 보이는 수 많은 산들

오르락 내리락
굴곡진 삶처럼

끊임없이 흐르는
멈추지 않는 움직임

어떻게 여기로
흘러흘러 왔을까

빛나는 순간에
나도

빛
나는

밤바다

꼬박 하루를 널어 둔 그물을 걷자
바다가 먼저 푸른 산호를 잃고
하늘에 남은 보랏빛 고기들을 몇 점 끌어 올리면
완전히 사라진 새파란 파장
그 자리엔 싸늘한 밤의 그림자만이 남고

등대의 흰 머리가
더듬거리며 제 자리를 찾고
하나뿐인 눈을 꿈뻑이면
시선이 닿는 곳의 그림자는 한 발 무른다
조금은 따뜻해진 푸른 물빛이 길을 튼다

숨을 멈추고 싸늘히 식어가던 파도가
안정적인 숨을 쉬어냄에
바다의 부른 배가 꿀럭인다

희게 뜨인 등대의 눈은 깜빡일 줄을 모르고
둥그런 수평선을 지긋이 바라보고 있자니
언제부터였나 머리 위에 떠 있던 북극성의 눈을 마주친다
눈치를 보던 별 부스러기가 바다를 헤엄친다

제 자리를 찾아 날아오른 오리온자리
새까만 밤하늘에 박혀 북극성의 꼬리를 자처한다

파도의 꿀럭임은 밤의 초침이라
바다의 그림자는 자연스럽지 못한 밤의 방해자를 먹어치운다
밤의 시계가 멈추지 않도록

수평선 너머에서 뿌연 안개가 올라온다
가장 어두운 시간에 요란히 밝게 출발하던 오징어잡이 배
새까만 등대지기의 액자는 희게 물들고
하늘은 하얗게 떠오르고
바다의 몸집이 작아진다

그제야 숨을 돌리는 늙은 등대는 눈을 감는다
아침 햇살의 포옹에 새하얀 밤이 찾아온다
파도가 새파랗게 꿀럭였다
굵게 내리는 파도의 노래에 하얗게 샌 등대지기의 머리칼이 흩날린다

광인들의 르네상스

하늘이 붉게 타들어간다 지평선부터 저녁이었다 저녁이기에 세계엔 검은 밤이 남는다 불이 꺼지고 재가 남듯이 장검을 든 중세 기사처럼 밤은 둔탁한 발소리를 남기며 끝없이 이어지는데 그것은 극야로 극지방에서 발생하는 기상현상이었다 끝없는 추위 속에 겁에 질려 눈을 감은 저는 무엇이 됩니까 왜 제 심장은 쉴 새 없이 제 가슴을 두드립니까 계속되는 두드림에 바다가 갈라지듯 길은 드러날 것이라 홍해에는 삽니까 홍학이 북극에 북극곰이 살 듯이 그렇다면 발견할 수 있습니까 홍대나 홍등가에서도 영어로는 Flamingo 갑니까 Flamin으로 어디입니까 Flamin은 홍등가와 홍대 사이 술 취한 사람들 건널목 정지를 선언하는 붉은색 신호등 플라스틱 Flamingo 번역명은 紅鶴인데 紅鶴모양 장식물은 왜 분홍색입니까 분홍은 영어로 Pink이고 紅색은 그보다는 붉을 텐데 제 심장이 가슴을 뚫고 몸 밖으로 뛰쳐나갈 때 저는 분홍입니까 그보다는 붉습니까 몸은 추위 속에서 창백하게 얼고 말텐데 묻습니다 저는 Flamin입니까 홍해입니까 홍등가입니까 홍대입니까 그 심장을 제 가슴에 다시 넣으면 저는 다시 눈을 뜹니까 그래서 그러므로 그러나 밤이 지나고 눈을 뜨면 아침이 오듯이 빛이 있으라 하니 급작스러운 빛이 있었다 뜰 수 없었다. 눈이, 나를,

거울

빛이 내게로 달려오다가 일곱 갈래로 부서진다
너의 방과 나의 방 사이에서 서 있던 유리창이 허우적거리다 깨진다
파편은 부서진 빛을 한 번 더 깨뜨리고는 소리 한 번 내지 않는다
내 앞에는 네가 서 있다
처음 보는 영원의 얼굴이었다

너의 방에도 빛이 며칠간 묵은 적이 있을까
너는 빛과 몇 마디 붙이려다 이내 침묵했을까
붙임성 좋은 빛이라면 아침 인사를 먼저 건네기도 했을 테지만
낯을 가리는 너는 손님이 묵을 때는 얼굴을 비추지 않으려 했을까

너를 비추지 않는 창이 깨지고서야 너의 얼굴이 보인다
방 밖에서 안으로 너를 타고 빛 한 줄기가 미끄러지며 깨신 눈꺼풀을 딛는다

사라지지 않는 빛의 길
나는 너를 어둠이라고 부르기로 했다

우리에게 저 빛이 보여

해가 저물어도
추위는 다가오지 않고
캄캄한 공원에는
말소리가 들려오고
가로등 아래 발자국은 늘어나고
뜨거운 여름이 다가오는 날

계절이 바뀌어가는걸
몸소 알 수 있던 찰나에
올려다본 하늘에 빛나는 두 자리
두 눈을 깜빡여도 꼼짝없이
빛을 내는 걸 보니 별은 아니구나
가만히 응시해도
눈 맞춤을 피하지 않는 걸 보니

얼마나 많은 시선을 담아갔을까
얼마나 많은 기억을 담아갔을까
그러다 홀연히 사라질 것을 생각하니
언젠가 돌아올 낭만이겠지 싶다
언젠가 나타날 계절이겠지 싶다

흐릿한 하루가 낭만에 선명해지는 걸
해가 떠오를 때까지 수없이 목격했으니

멍의 단계

붉게 부풀어 올랐어
내 몸인지 의문이 들 만큼
보라 섞인 자줏빛이었다가

이제서야 상처 같네 하며
중얼거리는 걸 들었는지
쪽빛과 청록색
그 사이로 바뀌고

시든 낙엽과
피스타치오가 생각나는
연녹색으로 변하는 걸 봤어

한 방울 떨어트린 물감이
유유히 퍼져가듯

멍은 유일하게 사람 피부가
다채로워지는 순간이지 않나

아픔에도 색이 있다면
멍의 빛깔일지도 모르겠어

은연 중에

뭐라도 기억해야 한다며
기록하곤 합니다

간간이 예외일 때도 있지만요

내가 바라보는 곳은 늘 빛인 것을
내 시선이 닿는 모든 곳에 색으로 물든 빛이 있음을,

이 모든 빛을 기록하기엔 내게 주어진 것들이 너무 적고, 부족하게 느껴집니다
 결국 남겨지는 빛이 있고 버려지는 빛이 있으나

늘 모든 곳에 찬란히 존재하는 것들

죽지도
녹지도 않는
불빛의 중앙으로

Lucifer

나는 네가 신을 믿게 된 경위가 궁금하다
어쩌다 신을 모실 계획을 세웠는지도

끔찍할 정도로 신성한 사명을 지녔으리라고는 바라지도 않아
다만 적당히 괜찮은 타협안만은 아니었기를

혹시나 해서 하는 말인데
내 기도는 하지 마

이 짧은 몇 줄의 문장을 보며 너는 눈물을 글썽이며
한없이 측은한 그 눈으로
한 손은 마이크를 쥐고, 다른 한 손은 신자를 향한 채,
이 어린 양은 어디를 향해야 합니까

가지런히 두 손을 모은 나는
정확히 말하자면 식어가고 있지

이상을 꿈꿨더니 다가온 헛된 망상에 모든 걸 잃은 탓에
현실에 스스로를 포획한 어둠만 남았다

안녕 나의 죽어가는 자아, 페르소나

고요한 밤과 쏟아져 내릴 것 같은 적막
종이 한 장과 빼곡한 검은 글자들
입체감 하나 없는 납작한 나의 표정과
같은 얼굴로 누워있는 나

나는 누군가를 죽이고도 편안한 얼굴로,
세상에 사라진 인구 하나 없으니
나는 무죄야

가슴이 아릿한 죄책감을 짊어진 채
드디어 두 번째 허물에 마주한다

마지막 허물을 벗을 때 즈음엔
지금으로부터 얼마 지나지 않았을 때일 것이다

나에게 빛을 하사하시이
나의 오만한 영혼을 찬란하게 하소서

아직 밤은 끝나지 않았다

코모레비*

무심결에 받아버린 천국으로의 초대장
낯가림이 심해 볼을 가린 태양
인간은 하늘이 내린 장작 타오르기 딱 좋은
천사들

머리카락을 뽑으면 이어지는
실타래 같은 볕

전등과 네온사인의 초대로 입장하는 그림자 무더기
어깨동무를 하며 몸을 부풀리는
점점 어두워지기만 하는 세계에서

이제 막 잠에 든 다람쥐처럼
몸은 예민해지고

사계절 내내 더위를 앓는 너
빛이 뜨거운 건
인간의 체온이 그늘에 맞춰져 있기 때문

흔들리는 나뭇잎 사이 해처럼 떠올라 일몰하는 새들
우리도 저렇게 날 수 있을까?
서로의 등을 닦아주면서

초대장은 금세 사라져 버린다
한철 훑고 지나는 장마처럼
네가 사라졌을 때도 해는 떠 있어
느슨한 손깍지는 녹아 거미줄이 된다
이건 여름 괴담

떨어지는 나뭇잎
한 철만 온몸으로 특별해져 보자고

다이빙하듯 날아오르는 새처럼

사라지듯 위장하는 해처럼

오싹하고 뜨거운 괴담처럼
어떤 이야기들은
빛을 먹어 치우며 가지로 자라난다

*こもれび : 나뭇잎 사이로 비치는 햇빛.

우리 생

파도는 설레고 바다는 두려웠다
빛은 찬란하고 그림자는 서글펐으며
사랑은 모든 것이어서 때로 해롭고 이로웠다

나는 무광이었으나 유광일 수 있었고
당신은 무색이었으나 무취는 아니어서
어딜 가든 당신이 배어 있었다

낮과 밤을 공존하다 어느 땐 어둠에 굴복했어도
어느 땐 빛이 굴절되지 않고 당신에게 가닿길 기도했다

당신이 눈부셔 눈을 질끈 감을 때마다
한낮의 가로등은 그저 빛을 잃은 것이고
거리에 공중전화 부스는 쓸모를 다한 것이었다
나는 눈물이 고여도 쉬이 눈을 감지 않았고
필요를 아는 공중전화 부스와 때를 만난 가로등은
눈을 감지 않고도 찾아온 밤을 밝히는 것들이었다

빛이 널리 더 멀리 퍼져 사랑으로 물들길
오늘도 우리 생을 위하여 눈을 감지 않고 기도한다

지구는 침몰 중이야

별
너는 모르지

한참을 깜빡이지 않고 너를 바라보다 보면
아무도 모르게 물 자국이 볼에

깜빡이지 않아서 흐른 눈물인 척
나를 짓누르는 검정들이 무게를 버티지 못하고
한 방울에 모여 떨어진다

별
너는 나의 우는 구실이야

눈물이 타고 흐른 자리에는 마르기 전까지 빛이 난대
마치 작은 윤슬을 보는 것 같기도 하고

별,
그럼 너는 뭐가 그렇게 널 힘들게 하는 거야?

운명의 공동체

어깨는 따끔거리고
차들이 엉겨 붙은 도로가 이글거린다

멀리 보세요
운전학원 강사가 말한다
선생님,
제가 지금 뭘 잡고 있는지 모르겠어요
핸들이 제멋대로예요
기어가 움직이지 않아요
경고등이 켜졌어요
저 멀리는 빛밖에 없는 낭떠러지라구요

우리, 눈먼 운명의 공동체
오늘도 빛을 향해 질주한다
이 빌어먹을 성실함

꺾으세요 지금!

커다란 마찰음을 내며
차체가 휘청거린다

심장이 순식간에 추락한다
재빨리 출동한 수습 요원들이
다시
같은 궤도에 우리를 올려놓고
유유히 사라진다

차라리 홍수를 보내 멈춰주세요

태양은
커다란 얼음산을 녹인 후
비닐 산과 플라스틱 바다를 공격하고
모든 걸 다 불태울 기세인데
어쩌지, 나는 아이가 있는데

불씨가 남아있는 어깨를 어루만지며
뒤돌아보니
바다가 모든 걸 집어삼키었다
검푸른 물속에서 허우적대는 손들이 보인다
나는
돌이 되었다

필살★빛의 펀치!

밤마다 검정이 엎질러진 지붕 위를 달리는 소녀들
우리를 밟으면 사랑에 빠진다는데* 과연
으깨진 딸기처럼 붉게도 빛난다 밝게도 빛난다
오늘 밤에도 뭉개진 몸을 끌어안고 날리는 빛의 펀치
여름은 단단하게 말아 쥔 주먹을 대각선으로 통과하는 중
품이 큰 교복 안으로 사랑을 쏟아 넣고 조금씩
그림자의 모습으로 발목을 갉아 먹는 어둠을 거두어 낸다
소녀들 붉게 반짝이는 머리 보고서는
늙은 담임이 한 마디 학생 주임이 한 마디
도돌이표가 우리를 꾹 누르면 새어 나오는 무지개
자정에는 시계 대신 하트를 두 눈에 그려 넣고 뛴다
저는요 빛의 전사예요 거부할 수 없는
분홍빛 일렁임을 남보다도 많이 품고 있는, 그러니
머리카락이 뱉는 빛깔로 하늘에 자수를 놓으며
나아갈 거예요 날아갈 거예요 종아리엔 날개가 돋고
건물 사이로 무더위 갈라지며 괴수가 나타날 때
필살기를 꺼내든다 우리에겐 무기는 필요 없어요 오직
두 손 가득 들어찬 꿈결처럼 들어찬 알록달록한
말랑한 마음의 빛이면 되는걸요

우리의 눈동자가 익어가요 초록에서 새빨간
얼굴을 가져가는 열매들처럼 꿈결같이
밟으면 밟을수록 빛이 나는 전사들 오늘도
손을 꽉 쥔 채로 흘러가는 웃음을 쥔 채로 달린다
밤과 괴수와 계절과 사랑을 밝히기 위한 질주
가로등 위에 앉아 어둑한 고개를 드는 것들에
필살, 빛의 펀치를 한 방 날려 준다

*김행숙, 《인간의 시간》

8시 40분

이른 아침이면
나를 당신의 머리끝까지 끌어올려요
당신을 전부 덮을 수 있는 만큼이면 좋겠어요

습관의 분주함으로
모두가 소란스러운 아침일지라도
우리만큼은 조금 더 머무르기로 해요

서두르지 않아도 괜찮아요
분명 어제보다 길어진 하루니까요
계절을 핑계로 우리가 조금 더 닮아갈 수 있을까요

미루고 미루다
방 안이 아침의 온도로 가득해질 즈음엔
나를 가지런히 개어줘요
나의 하루가 당신으로 반듯할 수 있도록 말이에요

햇볕을 따라 올곧게 잎을 여는
창가의 식물들처럼

시선을 따라 나른하게 끔뻑이는
침대 위 눈동자처럼

당신은 두 팔을 뻗어 기지개를 켜고
그런 당신에게로 나는 한껏 게을러요

창문을 모두 열어주세요
내가 남김없이 쏟아질 수 있도록 말이에요

당신은 아침처럼 환해지고
내 방은 하루 종일
그런 아침으로 가득할 거예요

짝사랑 유효기간

시드는 낮 아래에 화분을 둔다
빛의 형태를 곱씹으려고

직사광선에는 잎이 탈 수 있지만
확실해요

한 줄기 빛이라는 말이
희망을 뜻하는 절망 속에서

빛보다 밝고 영원보다 무한할
어떤 꿈을 꾼다

혀는 빛을 남발하다가 숨이 멎고
앞니 뒤에 숨겨둔 죄처럼 숨어 있지만

다정하지 못한 사람의 칫솔에
모든 빛을 흡수한 하얀색을 묻혀주고

범람하는 마음을
오래 흐르도록 두기

빛의 받침처럼 흙에 뿌리를 내리고
시들지 않는 화분이 되어

II

낱말의 늪, 샐녘의 꽃

아이는 거센소리가 받침으로 오는 단어들에서 헤맸다 동녘은 도넛이 되었고 아이는 내게 도넛을 좋아하냐 물었다 꽃은 꺾이 되어 아리송한 그 낯으로 꺾꺾거리며 한참을 웃었다

아이는 볕을 몰랐다 빛을 가르쳤다 아이는 빛에서 몇 달을 멈추다 뒤로 걷다 앞으로 걷다 다시 후진하고는 했다 빗이 빗인줄도 모르고 머리를 긁적였다 참신하게 찍은 제게 감탄하며 빈이었다 몇 달을 어둠 속에 헤매는 채무에 빚이 되었다 조사를 덧붙여 [비츨 보다]는 비틀 보다, 가 되어 비틀거렸다 [비츨], [비츨], [비츨]! 연이어 부르면 그제야 비츨, 이었다가 빛을, 이었다 다음 시간에는 자신 있게 빚을 적었다 아! 이제 확실하다며 빅이었다

끗에서 끝나지 않는 빛을 찾는 사투다
짙어진 패색에도 무릎은 무른 게 아니라 가르쳤다
거센소리와의 암투 끝에 도넛 아니 동녘을 맞이하쟀다
꺾꺾대며 서로에게 볕을 머금은 꽃을 안겨주쟀다

사랑하는 펭귄

우리는 학교 호수 벤치에서 만났다

삼월 말이 되자 입을 쩍 하니 벌린 튤립들 알을 낳는 오리 떼 차가운 콜라를 삼키는 너는 양자역학을 사랑한다 나란히 앉아 보내는 오전 시간이 물 밑으로 잠기는 걸 보며 빛이 뭐야? 너에게 묻는다 반사를 통해서만 서로를 볼 수 있다면 너무 춥다 실내로 토해지듯 들어와 달달 떨며 뜨거운 물을 끓였다 전기포트가 쿠르르르…… 우는소리를 낼 때 네가 선물로 꺼낸 스노 글로브 일순간 뒤집히는 세계 속에서도 펭귄 가족은 서로를 끌어안고 있어 눈이 쏟아져도 사랑을 놓지 않는 포옹의 빛 블라인드 걷고 환한 대낮 창문에 올려두고 봐 사월에도 팔월에도 따뜻한 커피 마시면서 봐 빛이 어떻게 존재하는지 고민하지 말고 그냥

호수를 보며 매일 같은 시간 앉아있는 너.
하얀 오리들은 물 위에서 잠을 자고. 지나가는 사람들은 가끔 나에게 아는 체하지만 너를 아는 사람은 없다. 너는 뜨거운 커피를 받자마자 단숨에 들이킨다. 모든 게 너무 빨라. 빛의 속도를 이해하고 사랑할 수 있어? 묻는 차가운 너의 어깨를 달래며 실내로 돌아오는 오후에 눈 감아봐.

눈 뜨면

눈 내리는 스노 글로브.

펭귄 가족 위로 떨어지는 하얀 가루의 속도. 사랑을 견디는 속도. 외울 만큼 보고 있자. 그러다 잊어버리자. 서로의 온도에 맞는 여름을 유리컵에 부어주면서.

Dear my adorable

　나는 네 위로 빛이 번지는 순간을 좋아했다. 평소에는 불 꺼진 방 안의 적막처럼 새까만 머리카락을 한 주제에 햇살을 받으면 어슴푸레하게 갈색이 드러나는 게 좋아서, 꼭 그것이 나만 알고 있는 비밀 상자 속 초콜릿 같은 느낌이 들어서 그런 너를 볼 때면 부러 먹지 않았음에도 입 안이 달아지는 기분이었다. 그리고 그 달짝한 맛이 서서히 번져 심장이 은근하게 뛸 때면 네 빛은 내 빛이구나 싶었다. 그래서 나는 네게 오랜 채무자가 되고 싶었다. 습관적으로 감정을 연체하고, 그러면서도 네가 나를 버리지 못하게 꼬박꼬박 마음을 이자 삼아 내고 그러다 이따금 내 사랑 중 가장 중요한 부분을 네게 갚을 수 있길 바랐다. 그렇게 하면 네 빛 아래에서 반짝거리는 설탕을 위장한 채 녹지 않는 눈처럼 살아도 죄책감이 없을 것 같았다.

빛바랜 셔터

흑백 사진들 속 눈에 띄는 사진 하나가 보인다
그 사진을 가만 들여다보면 꼭 영원을 말하는 것만 같다

나를 찍던 넌 단연 내가 사랑한 유일한 컬러였다
너를 찍던 난 색깔의 형태조차 갖추지 못했다

우리가 서로를 뷰파인더로 보던 그 순간을 기억한다
서로를 찍던 셔터의 빛은 우리를 관통했을까

억겁의 시간이 지나 다시 들여다본 사진 속의 너는,
흑백의 형태를 띠고 있었다
퀘퀘히 쌓인 먼지 뒤로 그 어떠한 생동감조차 찾아볼 수 없었다

영겁의 시간이 지나 다시 들여다본 사진 속의 나는,
다채로운 색으로 물들여 있었다
곳곳에서 약동감이 일렁이곤 했다

그제야 깨달았다 나 또한 네가 사랑한 유일한 컬러였단 걸

바다 접기

꿈에서 당신은 반짝이는 모래였는데
손가락 사이로 파도가 흐르고

이상해 여전히
사람이 사람의 꿈이 될 수 있다는 게

바람에 흩날리는 당신의 머리칼
눈부시게 기울어지는 태양의 끝을 따라

바라보던 곳은 당신이라는 종착점
바다는 당신의

(빛나는 슬픔으로 가득 찬 무덤)

흐르는 몸을 가진
우리의 살아있음을 기념하는 윤슬은

아름다운 흉터로 남아
당신을 표류하는데

누가 돌을 던진 거야

당신을 부유하던 빛이 산산조각 나자

모래 묻은 신발코가 나를 향하고
당신의 뒷면이 접히는데

떨어지지 않는 발
나는 가만히

한 걸음
두 걸음

새까만 색

내 마음의 크기는 받은 너를 반사할 줄도 모르는 새까만 색의 지름이어서 달만큼도 빛날 자신이 없다는 걸

난 저 깊은 심해까지 파란빛에 잠식된 윤슬이어서 깨지며 빛나는 파도들과 너를 나누는 것조차 참을 수 없다고

모공을 파고들어 숨을 가빠지게 만드는 너에게 진절머리가 날 때, 달력이 넘어가는 순간만 기다려지는 마음이 품어지길 바란대도
 눈사람을 만드는 사랑의 손조차 얼려버릴 겨울에 너의 자리가 존재하길 빌어볼 수 있을까

나무가 내뱉은 숨들인 낙엽의 조각이 세상을 덮을 때, 네가 작은 생명체의 집까지도 닿지 못하길 소원한대도
 나의 머리칼을 스쳐 지나는 너를 깨닫고 하늘을 쳐다보며 인사 건넬 봄날이 내 찰나를 가져가길 빌어봐도 될까

마침내 서로를 뒤로하고 다른 신발을 신는 날
 찬란한 청춘이 필 순간에

무모하고 대담하게 영원을 약속하자
햇살의 파편이 타오를 때만큼 뜨거워지자
색채의 흔적을 뒤좇자

나조차도 빛나게
감히 나조차도 네가 되게

로맨틱 펌킨

있지
나는 네 세계에 있다

어느 털북숭이의 규칙적인 숨
목소리도 코골이도 아닌 것이
노크처럼 마음을 두드릴 때
너는 날 데려가서

입장료는 얼마인가요
셀 수 없어
셀 수 없이 비싸?
셀 수 없이 많은 눈맞춤
닳을 것처럼
오늘이 마지막인 것처럼
지겹게 사랑, 사랑, 사랑해 주기
내가 숨소리로 말해도
꼬리만 말아도
눈만 마주쳐도
넌 알아봐 주기

그래

있지 내가 아는 가장 아늑한 빛은
호박색
너의 눈
속에 흐르는 우리의 시간

창밖에 펼쳐진 파랑
네 코끝에 햇살 한 조각
호박색
너의 눈
속에 담긴
다시 돌아갈 수 없는 시간

얼굴 보여 줘

어느 우주의 별은 호박색일 거야
사랑은 무슨 색이야,라고 물으면
호박색
하고 답한다고

있지
손 놓지 마

너는 나의 펌킨
올웨이즈 로맨틱 펌킨

노을

낮에도 밤에도
너의 세계는 어둡다

네가 좋아하던 단어들은
더 이상 너를 설레게 만들 수 없지

너의 까만 눈에 비친 나는 선명하고
네 눈은 우주처럼 깊어
너는 그 작은 꼬리를 살랑살랑 움직이지
이건 너를 사랑한다는 말이야

네가 햇빛이나 구름이었으면 좋았을 텐데
오래오래 너를 바라볼 수 있게

창백한 푸른 빛

내 방구석에 생명을 담보로
세 들어 살고 있던 너는
내가 준 집이 더 이상 필요 없어졌다
더 넓은 곳으로 이사라도 간 건지

있는 듯 없는 듯
소란도 불평도 없는 유령 이웃 같기도
오후 네 시면 어김없이
내 방을 찾아오는 햇살 같기도 했던
푸른 빛으로 빛나던 작은 물고기

부피도 소리도 작은 네가
떠난 집은 변한 것 없이 그대로인데
배로 조용한 것 같아

그동안 이토록 캄캄한 정적을 숨겨줬었나
나는 눈치도 채지 못하게
그 적은 몸으로 가벼운 몸짓으로

치우지 못한 감정들이 부유하는 방안에
떠다니고 싶은 나를 일으키고
맑은 물결을 일으키고
햇살이 들게 했었나

창백한 푸른 점에도 충분한 사랑이 있음을 깨닫게 하고
가난한 나의 마음에 창을 하나 열어주고,

네가 여기 두고 떠난 것은
창백하게 바랜 몸통과 그토록 선명하게 푸른 빛

제법 낭만을 사랑해서

제법 낭만을 사랑해서 나는 자꾸 이름만 잊어버리고
있다가도 없는 그 애는 우주를 가늠하게 해

가시광선밖에 볼 줄 모른단 건 지구인의 사심일 거야
엇나간 실수는 인간이길 택한 것이라기보단
빛을 고른 것
너로 무거운 눈꺼풀을 들어 올린 것
흑백 아닌 세상을 물들이고 내 발끝을 샛노랗게 적신 것

아득한 태양도 아니면서 와중에 암흑을 멎게 하고
매질 없는 세계에서도 완연히 번지길 좋아했지
그 애는 내가 뭐라든 들을 줄 몰라
소리는 너보다 한참 약해서
나는
저항 한 점 없이
단 한 번 쏟아진 모진 말로도 아주 저 끝까지
영영 너에게서 밀려나고

몇 광년쯤 떨어진 세계에서 발견될게
빳빳한 한숨으로 나를 지나치는 무정 하나 없이
산산이 갈라져 아스러진,
네가 남기고 간 빛 갈래 몇 조각을 꼭 쥐고
눈 속에 한참 잠겼다 메마른 종이처럼
슬픔이 넘쳐서 홀로 깜빡이던 속눈썹처럼

보이지 않지만 아무것도 사라지지 않아
여전히 낭만을 사랑해서
네가 두고 간 아둔한 유영을
한껏 쏟아지던 해사한 다정을

스테인드글라스

오래 머금을 수 있는 것들에 대해 생각해
물 바람 청포도 맛 사탕 사랑 웃음소리 풍경소리
그리 그득 환한 것들만 있을까
질책 어둠 이죽거림 한숨 끝내 돌아보지 않던 뒷모습

나보다 더 오래된 건물의 천장에서 새고 있는
빗줄기를 혼자 감당하는 파란 양동이에서 나를 본다

처음에는 쾅쾅 부딪히다가 점점
소리는 잦아들고
모두는 양동이가 있다는 걸 잊기라도 한 듯
제 역할을 다하고 있는 것들에겐 으레
관심들이 없다지
흘러넘치면 그제야 소란이 날 테고
수돗가에 물을 비우러 간 사람은 낯빛이 없을 것 같고

환한 것들은 도처에
온 사방이 나를 깨워 볼 수 있는 것들이 너무 많아
차라리 눈을 감아도 이미 눈 뒤에 머금어 버린 것들

투명한 유리창
일그러진 곳 하나 없이 매끈하고 깨끗하게 멈추어 버린
이 너머 세상은 빛이라 부르지 않겠고
온 마음이 환하다 말하지 않겠고
그저 눈이 부시다고는 하겠고

내가 고른 색을 오래 머금은 것들을 나는 비로소
빛난다, 하겠고 사랑한다, 하겠고
그렇게 나의 세상은 청포도 색 옆에 희끗한 구름 색
그 아래 푸른 폭포의 색 그 위에 네가 만든 레모네이드 색
그제야 찬란해져 눈이 부시지 않을 테지

빛과 토르소

 네 몸이 토르소로 변해버린 밤에 이 도시는 빛을 잃었지 네 기다란 팔을 참 좋아했는데 누워 있는 서늘한 가슴팍에 얼굴을 묻고 갈비뼈를 만진다 내 목덜미를 쓰담는 대신 슬픈 눈, 팔을 되찾자 찾으면 어떡할 건데? 나도 모르지 어쩌면 빛이 돌아올지도 몰라, 자기야 과거에 살지 않기로 했잖아

 토르소를 양손으로 안아 들고나와 우리가 자주 가던 강가를 거닐기로 한다 이 정도는 할 수 있잖아

 노란 윤슬이 뜬 강물을 앞에 두고 돌바닥에 나란히 앉아 너와 떠들던 수많은 밤들을 기억한다 그중 네 심장의 물기를 읽어내던 밤에 말이야 난 너보다 커지고 싶었어 큰 품에 안기는 기분을 알려주고 싶었거든 덜컹이는 내 발걸음과 너의 침묵, 밤은 더 깜깜해진다

 사실 외출의 종착지는 네가 토르소가 된 순간부터 알고 있었지 불온한 몸이라 우기는 짓은 그만할게 돌아갈 수 없는 곳을 그리는 건 어둠에 가까워지는 일, 너를 안은 손을 단단히 고쳐 잡고 박물관으로 간다

조각상 사이에 놓인 내가 많이 사랑하던 사람 다시 보니 몸통만으로도 새로 온전한 너 나는 어디로 가야 할까, 그거면 충분할 거야 넌 큰 사람이니까

문을 나서면,
페이드인

찬연하진 않지만

안녕 이곳은 우리의 첫 페이지
자음과 모음을 말미암아 자라났지

찬연하다는 게 뭐야
네가 입을 열었을 때
보았지 늘어진 평행선, 흐려진 노을빛과
아밀레이스처럼 밀려오는 산란의 파도를

빛으로 달려가며 음을 산출했고
산토리니섬의 하얀 먼지를 일궈내며
폐기된 발화를 찾아 떠나는 길

회동하는 잉크로 백사를 가로지르며
우리를 혀끝에서 끝없이 밀어냈어
어느새 누군가는 언어를 수놓았고
우리는 피카르트와 밤을 지새웠지

지중해의 문장은 다시 젖혀지고

불거진 핏줄을 도려내기도 하며
언어가 소멸하는 공간을 스쳐 지나갔어

발톱 사이로 쏟아지는 가시광선의 잔해와
페그마타이트처럼 묻힌 언어의 시체들

빛을 향해 달리다가
문득
무전기에서 들려오는 주파수

라져, 라져

단어가 뒤섞인 꿈속으로 걸어가며
꿈속의 침대 위에 누워 부서지지 않는 꿈을 꾸었지

햇살이 스민 언덕 너머에서
들리지 않는 숨소리가 들렸다 적막하게

버튼을 켜면 들리던 언어의 빛깔
그렇게 조명을 찾아 나서던 너의

비추어진 독백

 사라지는 계절의 빛 자락이 너무나도 아쉬워서 벽면에 칠해진 햇빛 한 조각을 작게 베어 물듯 손으로 움켜쥐고 아무도 모를 도둑질을 해버린 기분으로 달아났어 혹여나 새어 나갈까 손가락을 굳게 닫은 채 숨 가쁘게 달렸지 어찌나 세게 쥐었는지 저린 느낌이 온종일 춤을 출 정도로

 아침이 밝아오고 지난밤의 나는 허공을 쥐고 달려왔다는 걸 깨달았어 붙잡아 낼 수 있다고 있는 힘껏 착각하면 느낄 수 있을 줄 알았던 거야

 너를 아우르는 말 없이도 너를 설명하고 싶었어 그렇게 멋대로 너의 밖을 읊조리고 있으면 네가 끄트머리부터 매끄럽게 미끄러져 내려와 동터올 것 같았거든 미처 닿지 못할 것이라고 착각한 천칠백 번째의 소실점까지 속속들이

 아슬하게 해가 지는 오후 서쪽의 창문을 열어 등진 채 노을빛을 베어 물고 선잠에 들어본다 이해받을 수 없더라도 부정과 불온일지라도 전하고 싶은 마음을 무지함을 무릅쓰고 덧대 보는 낭만을 멋대로 주석으로 길게 늘어뜨려 달아 놓고서는 행간을 띄워 할 말을 헛숨으로 띄어 쓴다

밤낮없이 창에 걸터앉아 기억을 엮어내듯 홀로 손 마디마다 너를 걸어본다
 좁아지는 공백 속에서 끝없이 허공만을 쥐어본대도,
 나는 너로서 비로소 발하게 될 테니

눈부시지 않은 빛

네온사인 훌쩍이는 비 내린 골목에
불 켜진 가게 서넛 아스팔트 물들인다
주황색 주광색 아직도 어려운 이름들

눈부시지 않은 빛은 어둠과 더 친하다지
반디 반딧불 상처 주지 않는 사랑은
어둠과 더 친하다지 빗물 번지는 친구들
앙상한 발목의 엉성한 아픔들

우리는 모여도 아무도 모르지
모일수록 어두워 빛으로 빛을 감싸지
네가 깜빡 잊은 것은 우리밖에 모르지
깜빡깜빡 무른 배로 숨 쉬던
그 아이가 바로 너

눈부시지 않던 빛
그 아이가 바로 너
부드러운 동행 너의 집은 지평선
바라볼 수 있는 태양이 있는 곳

하루를 뚜벅뚜벅 걸어온 잠
그 단내 곁에 놓인 침낭

우리 같이 누우면
묵은 하루의 냄새가 물씬 풍겨오지
너의 집은 지평선
직선과 끝과 착란 속에 눕는 곳

우리는 서서히 빛나고 서서히 저물어
단순하고 잔인한 계절들 속에서
소음을 피해 모인 어둠 속의 빛
빛 속의 어둠 반복되는 장난스런 온기 속에서

나를 등지다가 세상을 등지다가
우리는 서로 기억해야 할 이름이 되어
눈부시지 않은 빛 우리는 마침내 마주할 수 있겠다
나를 등에 지고 세상을 등에 지고

답장

　너는 다이빙을 하려고 계단을 올랐지 한쪽 팔을 높게 들어 올려 자기소개를 했고 거품이 되어 사라지는 동화의 결말을 향해 곤두박질쳤어 물살이 치솟기 전부터 박수 소리가 들렸어 그중에 섞여 들어갔을 야유를 나는 모른 체 했지

　네 다이빙은 잊혔어 한 달 넘게 수면 위로 올라오지 않았으니까 그런데 네가 보낸 편지 소식에 김 기자가 찾아왔지 뭐야

　심해로 가라앉는 내내 기억에도 없는 태아 자세를 했다며
　요란하게 떨어지는 별을 만났다며
　별에게서 꼬리와 지느러미가 돋아났고 북소리가 쏟아져 나왔다며

　너는 눈을 맞추었다지
　물 위 사람들이 고래라 부르는, 단골 빵집의 황금색 마들렌을 닮은,
　녀석과 유장히 헤엄쳤다지 주변을 상큼하게 밝혔다지

　이제껏 그와 함께 있었다면서

물 위에는 당신을 기다리는 사람들이 로마 원형경기장 같은 데 가득 있어요 로마 알아요?

그 말에 고래가 눈밑주름을 씰룩 움직였다며
아마도 그건 긍정이 아니었을까 알고 있었던 거야
원형경기장에 들어서는 생명이 어떻게 되는지

함께 어둠을 누비자 헤엄치자 짙은 바다에 황설탕을 흩뿌리듯 심연이 더 이상 심연이 아니게 심해가 더 이상 심해가 아니게 빛줄기가 대양을 가를 수 있게 어둠을 몰아내자 김 기자에겐 이렇게 전해 두려고

그날 너는 빛으로 뛰어들었지
가라앉아서 날아올랐지

다큐멘터리

내 기억에 남은 것은 싱그러움일 것이다
버드나무 끝없이 펼쳐진 잔디에 앉아서

미세먼지 나쁨인 날씨에
데구루루 구르는 너희들도 있고 버드나무를 통과하는
늘어진 잎 사이로 내려온 모양은 흡사 드림캐처 같았다
빛을 흡수하고 빛을 뿜으며

네가 갤러리에 온 유일한 인터뷰이야
물이 마른 웅덩이를 웅덩이라고 할 수 있을까
기대에 부응하고 싶다

잃어버리지 않았다는 것은
쥐고 있다는 것

샤프심을 부러뜨리고 다시 우리를 그리고

언제나 소년은 동공 뒤에서 당신을 투영하고

낮에 지독하게 널려있는 빛을 보는 게 더 희망적이다

뒤축이 딱딱한 신발을 밟는다 뛰어가는 너희들을 붙잡으려고
시선을 한곳에 둔다

상영장에는 좌석이 없었다
어디에나 빛이 들었고 차가 지나가고 있었다

횡단보도에선 손을 들어야 하는데

늦기 전에 도착하고 싶어
늦은 후에도

하이라이트

막이 오르는 순간 우리는 서로의 손을 움켜잡았다
나의 시야는 하얗게 암전
앞을 구분할 수 없는 세상 속에서 서로만을 의지하고 이야기를 진행해야 해

있잖아, 어쩌면 아무것도 보이지 않는 여긴 다른 세상일지도 몰라
이곳의 빛은 내뱉은 우리의 말을 종종 어지럽히지
그럴 때마다 너와 나는 서로를 찾기 위해 빛의 너머를 봐
하얗게 암전된 세상 속에서 우리의 목소리만 검게 빛났으니까
너와 나의 목소리만은 익숙한 빛이 되어 나아가니까

서로의 손이 붉게 물들 만큼 꼭 쥐어
이 연극의 막이 내릴 때까지

왜일까, 떨려오는 목소리 끝엔 지금 이 장면이 점점 맺혀오는 것 같아
붉은 두 손을 닮은 빛이 자꾸 우리의 마음을 건드려

점차 시야가 번져와, 달아나고픈 마음은 그대로인데 익숙한 빛은 멈추지 않고

마침내 우리의 대사를 완성한 후 다시금 손을 고쳐잡아
꼭 잡은 손이 하늘 위를 향할 때
터질 듯 뛰기 시작한 심장은 환하게 빛나기 시작해
타는 듯한 열기는 폭죽을 연상시켜 우리를 멈추지 못하게 하지

우리가 달아나기엔 아주 강렬한 빛,
나의 시야는 또다시 하얗게 암전

찬란

그거 아니?

내가 사랑한 것들은 죄다 죄악 같았다고, 수십억이 살아가는 푸른 행성에서 나 하나만은 너무 초라해서 누군가를 사랑한다는 사실이 너무 무서웠다고

그럼에도, 있잖아

나는 사람을 사랑한 적이 없어 사랑한 적이 있어 나는 두 가지 중 무엇을 택한지 모른 채로 살아가는지도 모르는데 유구하게 네 삶을 내 것으로 묶고 싶었다고 말하면 끔찍한 표정을 지을 거니

네 이름을 부르는 것도 가끔은 죄악 같아서, 나는 네 이름을 부를 때마다 세 번을 고민해 한 번은 네 이름을 내가 불러도 되는 자격이 있는지 두 번은 네가 내 이름을 불렀던 사실을 내가 기억하는지 세 번은 내가 아직도 널 사랑하는지 처음 빼고는 모두 거짓이어야 해 그러지 않으면

너는 왜 아직도 찬란할까

여전히 네 생각을 해
여전히 나는 청춘의 바깥에서 너를 기다리고 있는 것도 같은데

있잖아, 네 연락이 오지 않을 때마다
더는 휴대 전화의 불빛에서 네 이름이 보이지 않을 때마다
노란 아이콘 속에서 네 이름이 영영 사라졌음을 확인할 때마다

나는 네가 왜 그렇게 찬란했는지 아무것도 모르겠어 이제
언젠가 눈이 멀어도
네 이름 하나만은
선명하게 그릴 수 있다고 말하면
그렇게 고백하면

네가 웃는 얼굴을 보게 해 줄래

짙은 사랑을 숭배하며

우리가 함께 밟았던 녹빛의 잔디 위로
오색찬란한 빛깔들이 찬란히 물드는데
당신은 언제쯤 다시 걸음 해주시려나요.

모두가 모두를 그리워하며 잠에 들지 못하고
그렇게 모두가 햇빛 아래 모여드는 시간의 끝에서
저는 빛이 도달하지 않을 곳을 마음으로 밝힙니다.

색이 바랜 엽서에 쓰지 못한 말들 대신
사랑한다는 말을 적어 넣었던 오월의 여름.
저 빛 아래 글을 쓰면 그곳에서도 사랑으로 읽히나요.

탠저린 빛 영롱한 햇볕에 저의 마음을 갈아 넣고
끝내 세지 못할 우리의 모래알을 한 움큼 잡으며
몽글거리는 마음을 잘게 구겨 수평선 너머로 보냅니다.

물결에 의해 왜곡된 빛줄기에게 제 마음을 부탁했는데
지금쯤 당신에게 선명하게 닿았을까요.
저의 연약한 애정을 기대하며.

당신은 저의 오월이자 여름.
어느 여름은 당신의 눈빛이 제철이라
사랑해의 부재에도 아쉽지 않았을 계절.
돌고 돌아 제가 사랑하게 될 계절 같은 것이죠.

저의 사랑과 빛은 그 성질이 같아서
그 찬란한 빛에 기어이 실명하더라도
기약 없는 사랑의 대가를 갈구한 시간과
지독했던 황혼 속 짙은 사랑을 숭배합니다.

저의 사랑이 보이시나요.
이 기록은 그것에 대한 회고록이랍니다.

우리는 키스하기 바빴지

연필을 잡고 허공을 죽죽 그어낸 선들에 매미는 서글픈 얼굴로 울었던가 여름의 귀를 넘겨주던 이의 손길은 다정했는데 잃어버린 계절에서 난 연인들은 싱싱한 뺨에 울고 천천히 내리는 녹음에는 사랑을 속였는데 껴안지 못해서 달아나는 볕에 마음은 진해졌지

한철 장마가 오면 모두 물거품이 될 이야기들인데 반짝이는 입가에 차마 멈출 수 없는 상상은 발칙한 소리를 내면서 선홍빛 웃음을 퍼트리고 서로의 상처를 쓸어주다 낡아버린 손끝에서 축축한 입술을 쌓으면 글썽이는 한 쌍의 눈동자는 몸을 으스러트리며 하지에 웅크리는 연습을 했지

그렇게 녹지 않는 몸으로

맨살을 가르는 빗방울에도 당신이 있고 초록이 사라지는 날에도 태풍의 눈에서 소용돌이치는 어린잎과 닮은 것과 닮은 것을 내어주는 바람 사이 길게 누운 어둠은 깜빡이질 않아서 우리는 키스하기 바빴지

세상은 갈피를 놓은 지면에서
낯설게 가라앉은 빛으로

영원히 사라지는 이듬해 겨울로

여름, 구원과 재앙의 빛

 여름의 물성을 가진 단어들을 보면 잊힌 줄 알았던 이가 빛처럼 드리우고
 고개를 들어 빛을 바라보다 이내 눈을 찡그린다
 빛인 줄 알았던 것이 오래전 내다 버린 마음속 영사기가 재생하는 추억이라는 걸 알았을 때
 폐기될 마음 같은 건 없는 줄 알면서도 다음엔 제대로 폐기하겠다 다짐하면서

 아마 사랑은 이 여름에 진득하게 달라붙어 내내 떨어지지 않겠지
 계절이 바뀌면 잠시 잊은 채 살아가겠다마는 언젠가는 옅어지겠지마는
 돌고 돌아 다시 그리운 계절이 오면 속절없이 무너지고 다시 일어서기를 반복하겠지
 사는 게 마치 돌림노래 같아 하지만 지겹지 않은 그리움이지

너의 이름은 나의 이름과 닮아서 잊으려 해도 잊을 수 없네

끝내 내 이름을 불러주지 않았지만, 아무개의 입에서 나의 이름 불릴 때 몇 번이고 너를 떠올리겠지 내가 부르던 네 이름과 나의 이름을 네 이름으로 불러주던 통계적인 교정을

빛의 휘영輝映과 여름의 낱말과 단 하나뿐인 애칭을

누군가에게는 구원 같은 여름 장마가 누군가에게는 재앙이듯

구원 같던 사랑도 재앙이 된 여름,

그럼에도 재앙 같은 구원도 있다 믿게 되는 또다시 여름

겨울

저마다의 손길로 뻗어내는 빛이 다정하다
나리는 것들마다 매정하지 않은 것이 없고
빛이 이는 순간 눈부셔 눈을 감아버린다
그렇게 우리가 볼 수 있는 건 그림자뿐이어도
깜깜한 밤하늘을 들여다보며 하나둘 수를 세는 버릇

조도를 낮추면 보이는 알지 못했던 감정들
다독이는 손길 무색하게 일렁이는 마음이

눈 감고 마주하는 것에는 늘 진심이라고
눈뜨면 보이는 세상이 무정하다고
당신이 보여준 시린 계절은 이토록 아름다운데
당신이 사는 그 계절에 내가 필요하지 않나요

기억

 떨어지는 별을 보며 안도감이 들었어. 밤하늘에 총총 박힌 별은 여전히 많은데 길게 꼬리를 내리며 지는 빛이 어찌나 아름다운지. 네가 물었지. 슬픈 이야기가 아니냐고. 대답하진 않았지만 알고있었어. 중력에 끌려 들어와 대기와 마찰해 타오르는 그 빛이 실은 티끌에서 시작되었다는 걸. 평생을 검은 우주 위에서 특별하지 않게 존재하다, 마지막에 딱 한 번. 지면서 그 모습을 모두에게 드러내 소원을 이루어 주지. 그래서 난 안도했어. 언젠가 내가 저렇게 되어도 너는 날 기억하겠구나. 슬프지. 당연히 눈물이 나지. 지는 것을 꿈으로 삼는 사람이 어디에 있겠어. 하지만 우린 모두 끝을 향해 달려가고, 누군가에게 특별해지고 싶고 기억되고 싶은걸. 그래서 대답하지 않았지만 슬픔을 이해하곤 있었어. 생각해 봐. 작렬하게 지는 거야. 그저 그렇게 우주의 검은 색에 파묻혀 사라지는 것이 아니라 아주 작렬하게. 기억되며. 그래서 슬프고 안도했어. 누군가에게 빛이 나는 모습으로 남고 싶은 건 다 같은 마음 아닐까? 애써 웃으며 네가 손을 잡아 왔어. 요즘 나는 다시 밤하늘을 보며 떨어지는 별을 찾아. 내 기어에 님고 사라진 작렬한 너를 찾아서. 안도감을 찾아서.

빛의 마음으로 우리를

그림자가 빛을 가지면 새벽은 할 일이 많지 않아
지와타네호의 수평선은 언제나 푸르렇지도 않아

환희의 종말에 대해 아느냐고 묻는 질문에는
아무 답을 하지 못했는데
너는 그저 다행이라 말하며 꽃을 쥐여줬어
나무 아래에 묻었다던 편지는
그 위에 세워진 가로등 탓에
문드러진 손톱만 남겨두고 찾지 못했어

내가 좋아하는 꽃말을 알고 있는지
빛나던 네 단어엔 구부러진 진심이 담겼는지
우리가 서로를 뭐라고 불렀는지

언젠가 그늘이 깨진 틈으로
뜻밖의 빛이 새어 나오면
탈출구라 부를 수 있을까
기억할 수 있을까

오른손에 움켜쥔 꽃잎이 무슨 색인 지도 모르고
어쩌면 그것이 찢긴 편지의 귀퉁이인 줄도 모르고
맑은 날이 좋다던 사람이
해가 나면 그늘을 찾은 줄도 모르고

우리가 상대 속도로 지날 때

틈을 머금은 채 흘러 들어온다.
벽 모퉁이 선반이 반짝 시선을 끈다.

고정된 관객이 가끔 고개를 들어 응시할 뿐
방 안은 줄곧 인기척이 없다.

눈부신 새벽의 온기를 등에 업고
서서히 방 안 공기를 덥힌다.

그 상냥함에 마음의 빗장 풀고
머쓱한 인사 건네려는 사이
나를 비추는 시선을 거두고
금세 다른 것들로 눈길을 돌린다.

마음에 새기지 않은 것들의 면면을
소란이 비추어 주며
새삼 신기로운 장면을 선사한다.

이른 새벽의 문을 열어주고는
역逆방향의 가장자리를 향해 조용히 소멸한다.

나보다 먼저 하루를 시작해
나를 둘러싼 것들을 관통하며
너의 시속으로 바라본다.

같은 시공간에 서로 다른 좌표를 찍으며
나에 대한 너의 속도와
너에 대한 나의 속도를 어림한다.

광선에 따라 연출되는 하루치의 음영陰影을 담을 뿐
우리의 좌표계는 한 번도 같은 곳을 향한 적 없다.

정지해 있는 나를 저만치 데려가는
너의 시속으로
빛을 따라 홀연히 흘려보낸다.

비워둔 마음

파편 사이로 스며드는 빛
파도를 역행해서 걸어 나가는 얼굴을 쓰다듬다 말고
이마부터 입술을 거쳐 손등과 무릎까지
느린 입맞춤, 어떠한 안녕이

어제 너를 보았을 때
잠든 너를 보았을 때
걸어오는 너를 보았을 때

사랑하지 않고서는 버틸 수 없었다고 편지를 보낸다
그리하여 비워둔 마음
그곳에 드는 빛까지

발등에도 입을 맞출 걸 그랬다
그곳까지도 빛이 드는데
스며드는데
천천히
천천히 또다시

얼굴 위 곡선에 부드럽게 내려앉아
파도 끝에 네가 되고자 하는 것이 있겠지

너는 거기서 빛이 되고
너는 거기서 빛이 되고

유려한 마음으로 뭉툭하게 잘라둔 옷을 기워놓았다
천천히 걸어가는 마음에 든 그 빛이
내게 내린 그 빛이

어떠한 안녕이

넥스트 투 더 썬

내가 빛을 잃으면 어디로 갈 거야
그러니까 유령이 되면
하루 종일 전등을 켜놓고 있을 거야
꺼지는 게 아니라 깨질 때까지

—

   우리의 방에 서서 너를 본다 너는 비닐에 싸인 침대에 가지런히 누워있다 꺼져가는 전구의 빛을 받아내면서 나는 요정도 천사도 신도 아닌 힘 없는 유령이고 빛을 게워낼 수도 없고 밤은 아직도 우리를 감싼 벽지다 너의 베개는 계절에서 엇나간 축축함으로 가득하다

   우리의 소원 한 줄기: 우리가 밤을 믿을 수 있다면

        /영원히 우리를 맴돌 오렌지빛\
[손좀떼줄래땀나원래사랑은따뜻해창밖에길고양이들싸운다싸우는게아니라서로를가로채는거일수도있지윗집아저씨가또클래식틀었어자장가같다외계인발소리도들릴것같아무슨헛소리야아냐행복하다는유머야잘자아침에봐응밝을때봐]

하지만 우리에게 남은 건 빛이 지나간 후의 검은 잔상뿐이고 깨진 건 전등이 아니라 우리 같다 과거와 현재와 미래의 조각이 이름도 잃은 채 바닥을 나뒹구는 것 같다 전구의 빛이 아직도 새어 나오고 있다 너와 나 사이에 얇은 실금이 생겼다 눈이 부셔서 너를 보지 못하는 시간이 생긴다

침대를 감싼 비닐 소리가 밤새 터지는데
나는 너의 귀를 막아줄 수가 없다

넥스트 투 더 썬 서서히

—

너의 눈동자에 나를 비춰보다가
쏟아질 뻔했어 빛처럼

들려? 안 들리겠지

나의 인사가 아물었으면 좋겠어

바다는 빛이 싫다고 했다

바다는 빛이 싫다고 했다

흉히 엉킨 해초들을
쓰게 뱉어낸 흙물을
와락 파고든 설움과 걱정을
그저 들키고 싶지 않아 했다

사람들은 내 허虛를 사랑하는 거야
그들은 비워낼 수도 돌이킬 수도 없거든
내 파아란 그것에 속으러 오는 거야

빛의 사체가 떠다니는 바다 냄새로
짙은 한밤중이 묻은 파도 소리로

어둠에 멍청해진 그들의 눈을
그저 위로만 하고프다 했다

그 애는 빛이 싫다고 했다

잘게 씹어놓은 울음을
토사물과 같은 푸념을
어찌할 수 없어 던져진 자신을
그저 들키고 싶지 않아 했다

나는 별걸 다 비추는 네가 무서운 거야
그것은 벌거벗은 것과 같아서
내 살과 혀와 눈물은 크게 데이고 말 거야

작렬하여 두 눈 시린 나의 빛으로
다가오며 한 몸 태운 나의 빛으로

채 삼키지 못해 드러나는 알몸이
그저 끔찍하게 눈이 부실 뿐이라 했다

나의 바다는 내가 싫다고 했다

우리의 사랑이 싫다고 했다

영원히 깨워줘

왜 깨웠어?
왜 다가와서, 왜 깨웠어 굳이
굳이 말이야

꼭꼭 숨어있었잖아
영영 어둠에 스며드는 중이던
나를 네가
단번에

감아도 떠도 칠흑
차라리 꿈이 컬러였던
흑백은커녕 흑흑黑黑의 매일에

돌아가기엔 봐버렸고
돌아올 수 없지

새겨진 흉터마저 낭만인데
처음 본 색은 이제 내가 아는 유일의 색
그 빛에 눈이 먼 줄도 몰랐어

그날 난 구원 받았구나

나를 바다라고 부르는 애인愛人아
일렁이는 윤슬마다 하염없이 나는 무너졌다
조각난 파도 물낯 온통 비치는 그대 따라서

너울지는 물결마다 차곡차곡 부서진대도
하루 먼저 마중 나와 열을 내려놓을 테니

이 세계에 밤은 없는 단어이고
여름에 아픈 너는 부디

영원히 반짝일 거야
영원히 안아줄게

순간의 결말

함께 나눈 기억의 조각을 수도 없이 더듬다
작은 파편마저 잃을까 손을 그러쥐어 본다
너에게도 나와의 순간이 의미이길
우린 서로만을 줄 수 있는 빛이길

희미하게 번진 흑백의 단편 세상 속
너와 함께한 조각만이 색채를 띤 채 명멸할 터
너의 세상도 나와 같길
우린 서로만을 담는 빛이길

이젠 눈을 감아도 볼 수 있는 신기루
흑야를 가로질러 마침내 도달한 오아시스
모든 순간이 너의 빛 덕분임을

끝없는 찰나를 사는
너에게
당신의 손끝에
나의 한 조각을 두고 온다

털어낸 기억들은 너의 사방을 부유하고
반짝임을 머금은 순간은
비로소 영원에 당도한다

찬란, 하지

여름 좋다
더워도 좋아
세상이 반짝이잖아

그렇게 말한 너는 말없이 주위를 둘러본다
너의 시선이 지나간 곳을 밟아가며
네가 좋아하는 반짝이는 여름을 담아본다

나뭇잎들 사이를 통과하는 빛
공원에 반듯하게 깔린 길
분수에서 뿜어져 나오는 물
얼굴에 송골송골 맺혀있는 땀
너의 말대로 눈길이 닿는 곳마다
반짝반짝 빛을 낸다

너는 눈을 접어가며 나를 보고 웃는다
고른 치아와 봉긋하게 올라온 광대뼈에
빛이 닿아 반짝인다

웃는 너의 얼굴이 유난히 빛나는 통에 눈을 감아버렸다
감은 눈꺼풀 아래 네가 좋아하는 한여름의 빛이 스미고

나도 반짝이는 사람이 되고 싶다
생각하면서

달과 까마귀

당신은,
검은 나의 둥지에 우연히 스며와

그대의 한 조각 머무름이
빈자리를 가득 채운 눈부심이 되어

그러나 이 밤이 영원하지 않아
저기 강가에 감실거리는
그대의 자취를 좇을 때

깨진 윤슬 사이로 흐르는
에는 듯한 날카로움에
우리를 가두고선

나의 칠흑이 사라질 때쯤
새벽의 가장자리가 오면
고개를 들어요

잠시 깃에 고인 빛이 아쉬워
찬란한 그 색을 날개에 묻어두고

당신이 나를 찾아올 순간에
환하게 빛날 수 있도록

나를 또

어둡게,

어둡게….

Deep breath, Open your eyes

세계의 시작과 끝을 알리는 두 눈

억지로 열어진 틈 사이로 빛은 언제나 유영하고
온몸에 스며들기도 한다

새까맣게 부서지는 듯한 겉모습의 너는
속을 빤히 바라보면 포말이 일고 있어

암전된 세상에서도 빛은 스멀스멀 기어 오는 것처럼

슬그머니 눈을 뜨는 순간 우리는

반
짝

이 순간이 영원할 것처럼 아지랑이 사이를 걷자
행동해 볼까 일직선으로 그어진 선의 끝을 모르는 것처럼

빛을 길거리의 사람들처럼 생각하며 거리를 걷는 순간
누군가의 머리칼에 스쳐지면
찰나의 열기가 동공을 확장시키고
화르륵 데인 듯한 귓불은 멀쩡하지

우리는 빛, 빛은 우리가 되어
투명도 100%의 사람들이 된다면

구체화할 수 있는 손가락이 없기에 손을 겹칠 수 있을 테야

자, 이제는

눈 밑에 가득 쌓인 빛을 털고
부스러기들을 속눈썹에 바른 채

그렇게

숨을 들이마시며 무색의 찬란함을 맞이할 차례야

그림자 화상

가장 깊은 그림자를 위해 필요한 건
작열이 아닌 진영眞影이라지

보이지 않는 네 눈물점의 그림자를 보고
들리지 않는 네 눈 밑 영원을 믿으려 해
이단처럼

아래로 힘껏 자라는 온 생을 품은 채

눈을 감아야만 깊어지는 그림자 너의 울음 하나 빌리기 위해 훔쳐 온 속눈썹 그림자 네가 깜박거릴 때마다 투명한 나라에서 빌려 온 음악은 뚝뚝 끊기고 떨어진 속눈썹으로 지휘하는 무명의 노래로

울음 같은 연주가 지면
재만 남은 고백을 너에게

모든 맹신을 잃은 마음과
명멸 사이 비명 하는 그림자
발등 하나 덮는 예언을 너에게로

별자리를 품고 태어나는 사람들 목에 점이 없으면 귀신이라던데 너와 같은 별을 품기 위해서는 몇 번의 생을 떠돌아야 할까

나의 화상火傷으로 그린 너의 화상畫像
나의 재는 너의 그림자로 태어나길 바라는 생

가장 슬픈 그림자를 위해 필요한 건
후생을 위해 투신하는 생이라지

화생이라지

빛처럼

어느 소설가가
비는
하늘에서 내리는
긴 문장이라고 했던가
편지라고 했던가

한 손으로 머리를 가리면서
긴 문장 혹은
편지를 맞으며
당신은 나의 노트로 뛰어들었지

비
ㅊ
처럼

파도시집선 013

빛

초판 1쇄 발행 2023년 9월 25일
　　2쇄 발행 2025년 7월 7일

지 은 이 　| 박솔 외 58명
펴 낸 곳 　| 파도
편　　 집 　| 길보배
등록번호 　| 제 2020-000013호
주　　 소 　| 서울시 서대문구 증가로 17길 38
전자우편 　| seeyoursea@naver.com
I S B N 　| 979-11-980233-7-7 (03810)

값 10,000원

ⓒ 파도, 2023. Printed in seoul, korea.

* 이 책의 판권은 지은이와 파도에게 있습니다. 양측의 서면 동의 없는 무단 전재 및 복제를 금합니다.
* 맞춤법과 띄어쓰기는 원본에서 기인하였습니다.
* 파도시집선 참여 작가들의 인세는 매년 기부됩니다.